El rastro de la grulla

The Crane's Trail

Museo Salvaje

Colección de poesía

Poetry Collection

Wild Museum

Monthia Sancho

EL RASTRO DE LA GRULLA

THE CRANE'S TRAIL

Nueva York Poetry Press®

Nueva York Poetry Press LLC
128 Madison Avenue, Oficina 2RN
New York, NY 10016, USA
Teléfono: +1(929)354-7778
nuevayork.poetrypress@gmail.com
www.nuevayorkpoetrypress.com

El rastro de la grulla / The Crane's Trail
© 2019 Monthia Sancho Cubero

ISBN-13: 978-1-950474-54-7
ISBN-10: 1-950474-54-2

© Colección *Museo Salvaje* vol. 22
(Homenaje a Olga Orozco)

© Epílogo- Contratapa:
Juan Carlos Olivas

© Traducción:
Glossa Translations

© Concepto de colección y edición:
Marisa Russo

© Diseño de colección y cubierta:
William Velásquez Vásquez

© Fotografía:
Adobe Stock License
130227083

Sancho Cubero, Monthia
El rastro de la grulla / Monthia Sancho Cubero. 1ra edi-- New York: Nueva York Poetry
Press, 2019. 102pp. 5.25" x 8".

1. Poesía costarricense. 2. Poesía centroamericana. 3. Literatura latinoamericana.

A Eunice Odio
en homenaje
a los cien años de su natalicio.

Yo no he venido a disfrutar lo hecho,
sino a fundar desconocidos frutos.

EUNICE ODIO

I

Halo a contraluz

I

Con mis hojas de luz
hice un cántaro para enjugar
las lágrimas de cera,
esas que a escondidas
dejaste besar el contorno de tus labios,
balas que ni en vida ni en muerte
acallarán tu esencia
      niebla
          y claridades.

Entre mis manos
sostengo la luz,
camino en la latitud de las montañas
y custodio un fardo
con tus palabras predilectas,
luces heridas
por el verbo
      y por la tinta.

Descansa por siempre,
el cielo ha dibujado mil renglones
a la espera de su sierva
Sol de soles,
      halo de Luz,
          incienso del bosque,
ángel errante
      en orfandades
          y sin plegarias.

II

Sumergí mis manos
en las profundidades de tu tierra
para sacar
entre rizomas y virutas,
tus huesos temporales
y proscritos.

Una a una sacudí las piedras,
revolqué entre archivos,
ficheros
y la flor de tu pañuelo.

Escarbé bajo pastos
y sueños
por la calle Río Neva
tus cartas
y tus últimos poemas.

Hurgué el arsenal de tus símbolos,
y desvestí los corchos
que dejaste en la bandeja.

Todo eso
por lograr cumplir mi sueño
de llevar tu *corazón de piedra en flor*
al osario de ángeles
que van a la deriva.

Pero me dijo la oruga
que tus huesos ya eran
mariposa
sobre el rebozo
de las flores del jengibre.

III

No mires atrás,
el bosque amorfo
pronto encontrará
la oscuridad
de su próxima morada.

Su camino ha de ser
tormenta de alfileres
y huracán sin latido.

Los hombres
nunca podrán habitar la Luz
cuando tan solo sembraron
orfandad en los barrancos,
en los niños y sus parques.

Han de gravitar
como sombras de mala hierba
sobre los espejos huecos.
Vagarán junto a las lenguas del norte
que con sorna reprendieron
el rito que erigimos
con la ceniza viva del poema.

IV

Ayer golpeaste de nuevo mis cuerdas,
escuché tus gritos hambrientos de Luz,
ellos mostraban tu calvario.

Creí que sabías que tu rastro
había dejado perennes huellas
que ya no transitabas
por ese fuego sin espacio,
pero atisbé
cómo el grillete detenía tu vuelo.

Supe que tenía que encaminarte
hasta el sendero
donde descansan las almas.

Desde esta tierra
lanzo mis rezos,
enciendo siete velas
con la cerilla de gracia,
para que tu alma alcance
la promesa
de la Luz
y del reposo.

V

Te deslizaste por el viento,
en horas tardías
irrumpiste en mi orilla,
escuché tu voz,
enjambre de pájaros…
        supe tu nombre.

Esa noche
fuiste eclipse.
Jugamos como niñas curiosas
a escondernos
y a encontrarnos
de la mano en las metáforas.

Al despertar no encontré tu voz,
Eunice
pensé que aquello había sido
tan solo un sueño,
un tropiezo quizá con mi locura.

Aprendí a amar la libertad de tus silencios
y el pasto
donde brota tu universo…
Aquí sigo a la espera
de que arranques
las rejas de este claustro
        no tardes.

VI

Mi tierra recorre la herida en tu palabra
marca indeleble de aquel pincel de fuego
que rasgó con cruces tus costados.

Hoy mi tierra,
escuchó de nuevo tu voz,
se levantó del silencio,
se desdobló nocturna
              y repentina,
                   espontánea
                      y amorosa.

Con acento de dulzura antigua
se filtró entre rendijas y agujeros,
como sinfonía al alba.

Desde hoy,
el sonido de la fuga de tus cuerdas,
deambula por los bucles del aire
y se hospeda en mi oído.

VII

Has encontrado tu sitio,
ya no deambulas por vidrios de fuego.
El trigo se voltea
para ver tu rostro,
cáliz sagrado que anuncia
con letras mudas el gozo,
la transformación de hoja oscura
en belleza mística que emerge
en los claros rectilíneos del bosque.

Tus pasos en diáspora anuncian
la presencia indulta de esa mujer
que no se negó a sí misma
ser hija de luz
y alumbró su camino
con la pólvora
                    de su sangre.

Quizá Argos te lanzó
la sílaba deslumbrada
que por más
de treinta y tres mil noches esperaste
para trazar la ruta
hacia el encuentro.
O quizá
el poeta en su oración secular
esparció el agua bendita
desde el filo de tu falda

hasta la altura superlativa del aura,
para despojarte de ese halo oscuro,
ancla profana,
que te internó en el
hormiguero candente
de pájaros nocturnos
que codiciaron tus alas.

Tu recuerdo no vive en el exilio,
aquí
muchos amamos
el vuelo cabal de tus palabras,
no profanamos lo sagrado
ni esparcimos lodo en las verdades.

Sigue la luz del bosque,
y nunca, nunca
dejes de beber
el aroma del alba.

II

Yo, la repatriada

I

Fui paloma migratoria,
sustraje de cada puerto
un puñado de tierra
y descifré con mis dedos
el principio de todas las cosas.
Así pude desprenderme
de lo material
y de la ortiga
que desasosiega la carne.

Obedecí a la pobreza
y al ayuno.

La palabra fue la conciliación
de aquel tránsito vacío,
exasperado
por llenar sus cavidades
con la luz
de las cuatro virtudes cardinales:
prudencia,
justicia,
fortaleza
y templanza.
Exhumé lo esencial,
entendí
que *mis esquinas*
solo Dios puede contarlas,

que en la tierra se quedarán
los pedazos de mi piel,
desde siempre mancillada
por el péndulo roñoso,
oscilación
obstinada y majadera
que no logró mutilar
el resplandor
de mi destino
implacable.

II

Renuncié
a dioses
y demonios,
me convertí en palabra
creadora de mí misma.
Tracé la poesía con el óxido del fuego
y la humanidad
liada en las costillas.

No requiero de profetas,
sino de mí misma,
este paso por la tierra
lo llevaré aquí adentro.

Debo partir,
el Cosmos
se ha sentado en la ventana,
escucho lúdicas voces,
ellas claman mi ascenso,
la lámpara está lista,
alumbraré
lo visible
y lo invisible.

Ya el Cosmos se ha puesto en pie
para abrazarme en el canto,
me iré
como una grulla,

atrás dejo
la belleza de la flor
del árbol y la hormiga.
Solo cargaré un listón
con mi verbo urdido
de poesía.

III

Ahora subo.
Soy pájaro,
mariposa
y canto.
¡Esta ciudad lleva mi rostro impregnado!

Desde mi pórtico
nuevas aves liberan sus versos,
a ellas
invito a beber en mi vaso de acentos,
a comer en mi plato de asombros.

Pero diles que no me llamen,
que no me invoquen
porque ya no habito
en raíces de sombras,
estoy subiendo
con mi pequeñez
hasta el interior de la Luz
y no quiero desviar mis pasos.

Diles que soy libre
como libres mis palabras,
esas que les dejé en la mesa
donde Judas repartió sus besos.

Que yo también tuve sed
y nadie me sirvió

ni media copa con vinagre,
que otras veces tuve frío
y solo recibí
el roce candente de las piedras.

Que a mi sepultura
solo doce apóstoles
me acompañaron
y fui mujer sin rezos,
sin lápida
y sin patria.

IV

Fundé mi propia tierra
en lo indecible
y lo risible.

Aquí
ya no tengo fronteras.

La Luz es estandarte
guía
y alimento.

Me nazco del agua,
del aire,
del hueso,
escuderos de mi reino
donde vivo,
Poeta,
en esta nueva patria
de letras de fuego.

V

Al nacer,
nos ofrendan
el sonido y la palabra.

Al salir del vientre
la glotis vibra
milagrosa.

Pero el prodigio cae herido
cuando el hombre
extravía su luz,
desafina su charango
y las cuerdas expectoran
un estruendo disparejo,
como un sonido tuerto
que lacera las espaldas,
ahí se enreda y desvanece
la inocencia de la mano.

Tu oreja debe ser sorda,
tu paso roca adherida al vuelo,
debes huir etérea
como ángel de carne y barro.
Lánzate a mi mesa,
yo seré hálito instigador,
hormiga que hostiga el papel,
espía vertebral
que articula tus trazos.
Sobre tu ojo travieso
dejo atrás el exilio de mis letras.

VI

El verbo
hace un rito al aire
lanza su canto al fuego,
se esconde entre los polos del cosmos,
su alquimia vibra
y se reinventa.
Nos habla a todos,
y a sí mismo
con esa libertad
con que se juntan
el pan y la ceniza.

Metamorfosis maestra,
se clava como soplo
en el ojo propio y el ajeno,
adquiere el poder de negarse
ante aquel
que se atreva
a escudriñar su sangre
porque él es más de lo que vemos
más que una fórmula enjaulada
y libre,
libre,
respira
y se revela.

VII

Que nadie troque
en la tierra,
la libertad de los poetas.
No ven que son como esos vegetales
que germinaban en la pila de mi casa,
milagro nacido
del vértice
y de los resquicios del agua.

Sus costados
son el trigo
y la mañana.

Impacientes
buscan el fruto
en la herida del naranjo,
en una aguja,
una abeja,
un diagrama,
o quizá en
una ciudad real
o imaginaria.

El poeta
es cordero seducido,
efluvio de estrellas,
higuera que calma
la furia salvaje del toro,

especie que no descuida
las brevas
ni sus higos,
a ellos defiende
con espadas,
vigilias
y flechas.

Alegre o desplomado
se aleja del bullicio,
se interna en el filamento de su luz,
busca entre sus alas y detrás de los colores,
en profecías
y mil puertas,
el don que le ofrenda
la palabra.

III

Incienso al vuelo

No se puede enterrar a los vivos
aunque creamos que están muertos.

Existen muchas formas de latir
y no todos los muertos,
están muertos.
Algunos no se marchan hasta que se apaga
el oleaje del recuerdo,
o en las memorias
se entraban las clavijas.

San Miguel Arcángel,
al toque de las ánimas
te asistió con sus cuatro cirios,
mientras vendaba
la serena vigilia de la noche
y en un acto disoluto
abrió las puertas del huerto del Señor
para que huyeras.
Tenía la certeza
de que no había fiel
que por ti rezara
y tú
pájaro,
ángel burlado
en el purgatorio
no podías pastar

Huiste
inmaterial,
ahora eterna.

II

Eunice
tus huesos solo habitan tu elemento,

aire   aire

          aire

Vives en la longitud transitoria
de la libertad,
por eso no podemos postrarnos
en ningún panteón
a rogar por tu alma.

Tú estás al lado del símbolo,
del discurso,
nos dejaste una catedral
repleta de sonidos
con notas perfectas.
          Yo voy a tu encuentro
                    como sierva pequeña
                    y temblorosa.

                    Bienaventurados
                    los que soñamos
          con el legado de tu pupila centenaria,
          los que tratamos de comprender
                    que en la Palabra
                    se renuevan los huesos.

Yo me iré
pero vendrás conmigo,
porque no han de borrarse
las marcas de mis huellas;
porque te has visto en mis ojos
con el suave sentimiento
de una eterna lejanía…

Yo me iré,
pero vendrás conmigo,
por el eco de palabras
que empañaron tus dos ojos
y que abrieron tus dos labios:
una boca… un infinito…

MAX JIMÉNEZ

THE CRANE'S TRAIL

To Eunice Odio
A tribute on the one
hundredth years of her birth.

"I have not come to enjoy what is done,
but to found unknown fruits."
EUNICE ODIO

I

Halo against a backlight

I

With my leaves of light
I made a jug to gather
the tears of wax,
those that in hiding
you allowed to kiss the outline of your lips,
bullets that neither in life nor in death
will quiet your essence
       fog
          and brightness.

Between my closed hands
I hold the blind light,
I walk in the latitude of the gloomy mountains
and I guard a bundle
with your most loved words,
lights hurt
by the verb
        and by the ink.

Rest forever,
the sky has sketched a thousand lines
in glorious wait
of its enlightened servant.

Sun of suns,
       halo of Light,
            Contemplative incense of the forest,
wandering angel
      in orphanhoods
          and without pleas.

II

I submerged my hands
in the depths of your soil
to take out
between rhizomes and shavings,
your bones temporary
and outlawed.

One by one I shook of the stones,
I rummaged between archives,
files
and the flower of your handkerchief.

I dug under pastures
and dreams
through the street Rio Neva
your letters
and your last poems.

I delved in the arsenal of your beloved symbols,
and I undressed the corks
that you left on the tray.

All of that
to achieve my dream
of taking your *stone heart in flower*
to the ossuary of angels
that are adrift.
But the caterpillar told me
that your bones were already
timeless butterfly
and they rest nocturnal
over the shawl
of ginger flowers.

III

Don't look back,
the amorphous forest
will soon find
the eternal darkness
of its next dwelling.

Its path must be
a storm of needles
and a hurricane without a beat.

Men
will never inhabit the Light
when they only sowed
orphanhood in the cliffs,
in children and in their parks.

They will gravitate
like shadows of weed
over hollow mirrors.
They will roam together with the tongues of the north
that with irony they rebuked
the rite we erected
with the living ash of the poem.

IV

Yesterday ou strummed my strengths again,
I heard your screams hungry of Light,
they showed your calvary.

I thought you knew
that your tracks
had left perennial footprints
that you no longer walked
through that fire without space,
but I discerned
how the shackles stopped your flight.

I knew then
I had to direct you
to the trail
where the souls rest.

Then
from this land
I cast my prayers,
I light up seven candles
with the match of grace,
for your soul to reach
the divine promise
of light
and rest.

V

You slid through the wind,
at late hours
you barged into my shore,
I heard your voice,
a swarm of birds...
   I learned your name.

That night
you were eclipsed.
we played like curious girls
to hide
and to find each other
hand-in-hand with metaphors.

Upon awakening and didn't find your voice,
Eunice
I thought that he had been
nothing but a dream,
a stumble perhaps into my madness.

I learned to love the freedom of your silences
and the pasture
where your universe sprouts...
Here I am still waiting
for you to tear off
the bars of this cloister
   don't delay.

VI

My land runs through the wound in your word
the indelible mark of that brush of fire
that tore with crosses your flanks.

Today my land,
heard again your voice,
it rose from silence,
it unfolded nocturnal
          and sudden,
                    spontaneous
                              and loving.

With the accent of ancient delight
it filtered through cracks and holes,
symphony at dawn.

From today,
the sound that leaks from your strings,
roams through the waves of air
and lodges in my ear.

VII

You have found your place,
you no longer roam through glasses of fire.
The wheat turns
to see your face,
sacred chalice that announces
with mute letters the joy,
the transformation of dark leaf
into mystic beauty that emerges
in the rectilinear clearings of the forest.

Your steps in diaspora announce
the pardoned presence of that woman
that didn't deny herself
to be a daughter of light
and brightened her path
with the red gunpowder
                    of her blood.

Perhaps Argos threw at you
the dazzled syllable
that for more
than thirty-three thousand nights you waited
to trace the route
towards the encounter.
Or perhaps
the poet in his secular prayer
spread the holy water
from the edge of your skirt
up to the superlative height of the aura,
to strip you of that dark halo,
profane anchor,
that got you into the
red-hot anthill
of nocturnal birds

that coveted your wings.

Your memory does not live in exile,
here
many of us love
the sensible flight of your words,
we do not defile what's sacred
nor do we throw mud on the truths.

The light in the forest continues,
and never, never
stop drinking
the aroma of dawn.

II

I, The Repatriated

I

I was migratory dove,
I took from every port
a handful of soil
and I deciphered with my fingers
the beginning of all things.
That is how I got rid
of the material
of the nettle
that distresses the flesh.

I obeyed poverty
and fasting.

The word was the conciliation
of that empty trance,
exasperated
to fill its hollowness
with the light
of the four cardinal virtues:
prudence,
justice,
strength
and temperance.

I exhumed the essential,
I understood
that my corners
only God can count,
that in the soil will remain
the pieces of my skin,
forever tarnished
by the miserable pendulum
oscillation

obstinate and crazy
that could not mutilate
the brightness
of my implacable
destiny.

II

I renounced
gods
and demons,
I became word
creator of myself.

My poetry I traced
with the rust of fire
and humanity
wrapped in the ribs.

I do not require prophets,
but myself,
this passage through Earth
I would carry inside here.

I must leave,
the cosmos
has settled on my window,
I hear minute voices
call out for my ascent,
my lamp is ready,
I will light up
the visible
and the invisible.

The cosmos is now standing
to embrace me in the chant,
I will leave
like a crane,

I leave behind
the beauty of the flower
of the tree and the ant.
I would only carry a strip
with the warped verb
of poetry.

III

Now I rise…
I am bird,
butterfly
and chant.
This city carries my face impregnated!

From my portico
new birds set their verses free,
them
I invite to eat off my plate of astonishments.

But tell them not to call me,
not to invoke me
because I no longer live
in roots of shadows,
I am climbing
with my triviality
up inside of the light
and I don't want to divert my steps.

Tell them I am free
as my words are free,
those that I left on the table
where Judas gave out his kisses.

I also felt thirsty
and no one served me
Even half a glass of vinegar,
other times I felt cold
and I only received
the burning graze of rocks.

To my burial
only twelve apostles
accompanied me
and I was a woman without prayers,
without a tombstone
and without a homeland.

IV

I founded my own land
on the unspeakable
and laughable.

Here
I no longer have borders.

The Light is banner
guide
and nutrient.

I am born from water,
from air,
from bone,
squires of my realm
where I live,
in this new homeland
of letters of fire.

V

Upon birth,
we are offered
the sound and the word.

Upon coming out of the womb
the glottis vibrates
miraculous...

But prodigy drops wounded
when man
loses his light,
get his charango out of tune
and the strings expectorate
a mismatched noise,
like a one-eyed sound
that lacerates the backs,
there it tangles and fades
the hand's innocence.

Your ear must be deaf,
your passage rock adherent to flight,
you must flee ethereal
like an angel of flesh and mud.
Lunge for my table,
I will be an instigating breath
ant harassing the paper,
vertebral spy
that articulates your strokes.

Over your mischievous eye
in exile I leave behind my letters.

VI

The verb
performs a ritual out in the air
casts its chant to the fire,
hides between the poles of the cosmos,
its alchemy vibrates
and reinvent itself.
It speaks to us all,
and to itself
with that freedom
in which unite
breath and ash.

Masterstroke metamorphosis,
gets stuck like a mystic blow
in one's own eye and someone else's,
it acquires the power to deny itself
in front of he who
dares
to scrutinize its blood
because he is more than we see...
more than a caged formula
And free,
free,
It breathes
and reveals itself.

VII

Let no one convert
on earth
the freedom of poets.
can't they see they are like those vegetables
that germinated in my house's basin.

It sides
are wheat
and morning.

Impatient
they seek the fruit
in the orange tree's wound,
in a needle,
a bee,
a diagram,
or perhaps in
a real city
or an imaginary one.

The poet
is a beguiled lamb,
effluvium of stars,
fig tree that calms down
the wild fury of the bull,
species that does not neglect
the berries
nor its figs
he defends them
with swords,
vigils
and arrows.

Cheerful or downcast
he moves away from the noise,
he goes inside the filament of his light,
searches between his wings and behind the colors,
prophecies
in a thousand doors,
The divine gift
offered
by the word.

III

Incense for the flight of the soul

I

The living cannot be buried
even if we think they are dead.

There are many different ways to be latent
and not all the dead
are dead.
some do not leave until
the swell of remembrance fades,
or pegs obstruct
the memories.

St. Michael the Archangel,
captain of the armies
on sounding the call of the souls
assisted you with his four Paschal candles,
while wrapping
the serene vigil of the night
and in a dissolute act
he opened the doors of the Lord's garden
so you could flee,
he was certain
there was no believer
that would pray for you
and you
       bird,
              mocked angel
in purgatory
could not graze,
you escaped
immaterial,
but eternal.

II

Eunice
Your bones only inhabit your element,

Air...   Air...

            Air...

You live in the transitory longitude
of freedom,
that is why we cannot prostrate ourselves
in a pantheon
to beg for your soul.

You are next to the symbol,
and the discourse,
you left us a cathedral
full of sounds
with perfect notes.
            I'm going to meet you
                    like a servant small
                            and flickering.

                            Blessed be
                    those of us who dream
            of the legacy of your centenarian pupil,
                those of us who try to understand
                            that in the Word
                        the bones are renewed.

"I will leave
but you will come with me
because the marks of my footprints
should not be erased;
because you have seen yourself in my eyes
with the gentle sentiment
of an eternal distance...

I will leave,
but you will come with me,
through the echo of words
that clouded both your eyes
that opened both your lips:
a mouth... infinity..."

Max Jiménez

ACERCA DE LA AUTORA

Monthia Sancho Cubero nació en San José, Costa Rica. Estudió periodismo y educación preescolar.

Laboró en el diario nacional *La República* como redactora y editora donde publicó artículos, columnas y editoriales sobre múltiples temas. Colaboró con artículos en el suplemento cultural de dicho periódico. También trabajó en diferentes periódicos alternativos y revistas. Fue Directora de la revista internacional de abordo *Join u*s.

Ha publicado los libros de poesía: *Palomas de grafito* (2015) y *Trance* (2017).

Es presidenta de la Academia Norteamericana de la Lengua Moderna Internacional, Capítulo Costa Rica, Directora de Estucurú Editorial, miembro de la Asociación Costarricense de Escritoras.

Fue Poeta invitada en la Feria Internacional del Libro New Jersey (2018) y en el Festival Internacional de Poesía Madrid (2018), donde su obra formó parte de la antología *Fugitivo y eterno, poemas a los ríos del mundo* de la editorial de España, Verbum.

Monthia Sancho Cubero was born in San Jose, Costa Rica.

She studied journalism and early childhood education. She worked in the national newspaper *La República* as a writer an editor where she published articles and columns about multiple topics. She collaborated with articles in the cultural supplement of said newspaper. She also worked in different alternative newspapers and magazines. She was director of the onboard international magazine Join Us.

She has published the poetry books: *Palomas de grafito* (2015) y *Trance* (2017).

She is the president of the Costa Rica chapter of the North American International Academy of Modern Language, she is director Estucurú Editorial, and member of the Costa Rican Writers Association.

She was a guest poet at the International Book Fair of New Jersey of 2018, and at the International Poetry Festival of Madrid of 2018, where her works became part of the anthology *Fugitivo y eterno, poemas a los ríos del mundo* of the Spanish publisher Verbum.

ÍNDICE

EL RASTRO DE LA GRULLA

I
Halo a contraluz

I · 15

II · 16

III · 18

IV · 19

V · 20

VI · 21

VII · 22

II
Yo, la repatriada

I · 27

II · 29

III · 31

IV · 33

V · 34

VI · 35

VII · 36

III
Incienso al vuelo

I · 41

II · 42

Acerca de la autora · 8

INDEX

THE CRANE'S TRAIL

I
Halo against a backlight

I · 53

II · 54

III · 55

IV · 56

V · 57

VI ·58

VII ·59

II
I, The Repratiated

I · 63

II · 65

III · 67

IV · 69

V · 70

VI · 71

VII · 72

III
Incense for the flight of the soul

I · 77

II · 78

About the author · 84

Colección
MUSEO SALVAJE
Poesía latinoamericana
(Homenaje a Olga Orozco)

1
La imperfección del deseo
Adrián Cadavid

2
La sal de la locura / Le Sel de la folie
Fredy Yezzed

3
El idioma de los parques / The Language of the Parks
Marisa Russo

4
Los días de Ellwood
Manuel Adrián López

5
Los dictados del mar
William Velásquez Vásquez

6
Paisaje nihilista
Susan Campos-Fonseca

7
La doncella sin manos
Magdalena Camargo Lemieszek

8
Disidencia
Katherine Medina Rondón

9
Danza de cuatro brazos
Silvia Siller

10
Carta de las mujeres de este país / Letter from the Women of this Country
Fredy Yezzed

11
El año de la necesidad
Juan Carlos Olivas

12
El país de las palabras rotas / The Land of Broken Words
Juan Esteban Londoño

13
Versos vagabundos
Milton Fernández

14
Cerrar una ciudad
Santiago Grijalva

15
El rumor de las cosas
Linda Morales Caballero

16
La canción que me salva / The Song that Saves Me
Sergio Geese

17
El nombre del alba
Juan Suárez

18
Tarde en Manhattan
Karla Coreas

19
Un cuerpo negro / A Black Body
Lubi Prates

20

Sin lengua y otras imposibilidades dramáticas
Ely Rosa Zamora

21

El diario inédito del filósofo vienés Ludwig Wittgenstein /
Le Journal Inédit Du Philosophe Viennois Ludwig Wittgenstein
Fredy Yezzed

22

El rastro de la grulla / The Crane's Trail
Monthia Sancho

23

Un árbol cruza la ciudad / A Tree Crossing The City
Miguel Ángel Zapata

24

Las semillas del Muntú
Ashanti Dinah

25

Paracaidistas de Checoslovaquia
Eduardo Bechara Navratilova

26

Este permanecer en la tierra
Angélica Hoyos Guzmán

27

Tocadiscos
William Velásquez

Colección
SOBREVIVO
Poesía social
(Homenaje a Claribel Alegría)

1
#@nicaragüita
María Palitachi

***

Colección
CRUZANDO EL AGUA
Poesía traducida al español
(Homenaje a Sylvia Plath)

1
The Moon in the Cusp of My Hand /
La luna en la cúspide de mi mano
Lola Koundakjian

***

Colección
PARED CONTIGUA
Poesía española
(Homenaje a María Victoria Atencia)

1
La orilla libre / The Free Shore
Pedro Larrea

2
No eres nadie hasta que te disparan /
You are nobody until you get shot
Rafael Soler

Colección
PIEDRA DE LA LOCURA
Antologías personales
(Homenaje a Alejandra Pizarnik)

1
Colección Particular
Juan Carlos Olivas

2
Kafka en la aldea de la hipnosis
Javier Alvarado

3
Memoria incendiada
Homero Carvalho Oliva

4
Ritual de la memoria
Waldo Leyva

5
Poemas del reencuentro
Julieta Dobles

6
El fuego azul de los inviernos
Xavier Oquendo Troncoso

7
Hipótesis del sueño
Miguel Falquez-Certain

8
Una brisa, una vez
Ricardo Yañez

9
Sumario de los ciegos
Francisco Trejo

10
Los caballos del miedo / The Horses of Fear
Enrique Solinas

Colección
MUNDO DEL REVÉS
Poesía infantil
(Homenaje a María Elena Walsh)

1

Amor completo como un esqueleto
Minor Arias Uva

2

Del libro de cuentos inventados de mamá
Marisa Russo

***

Colección
LABIOS EN LLAMAS
Poesía emergente
(Homenaje a Lydia Dávila)

1

Fiesta equivocada
Lucía Carvalho

2

Entropías
Byron Ramírez Agüero

3

Reposo entre agujas
Daniel Araya Tortós

Colección
TRÁNSITO DE FUEGO
Poesía centroamericana y mexicana
(Homenaje a Eunice Odio)

1
41 meses en pausa
Rebeca Bolaños Cubillo

2
La infancia es una película de culto
Dennis Ávila

3
Luces
Marianela Tortós Albán

4
La voz que duerme entre las piedras
Luis Esteban Rodríguez Romero

5
Solo
César Angulo Navarro

6
Échele miel
Cristopher Montero Corrales

7
La quinta esquina del cuadrilátero
Paola Valverde

8
El diablo vuelve a casa
Marco Aguilar

9
El diablo vuelve a casa
Randall Roque

10
Intimidades / Intimacies
Odeth Osorio Orduña

Colección
LOS PATIOS DEL TIGRE
Nuevas raíces – Nuevos maestros
(Homenaje a Miguel Ángel Bustos)

1

Fragmentos Fantásticos
Miguel Ángel Bustos

2

En este asombro, en este llueve
Antología poética 1983-2016
Hugo Mujica

3

Bostezo de mosca azul
Álvaro Miranda

Para los que deseen conocer algo de la poeta Eunice Odio, ella un día dijo: "¿Para qué quiero ser rica si puedo ser poeta?". Este libro se terminó de imprimir en el mes de agosto de 2019 en los Estados Unidos de América.